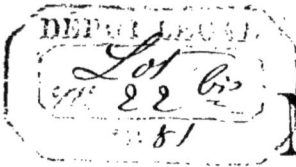

NOTES

POUR SERVIR A L'HISTOIRE

DES

ÉTATS PROVINCIAUX DU QUERCY

PAR

M.-J. BAUDEL,

Officier d'Académie, Censeur des études au lycée de Nice.

> « Nos Quercynois se maintin-
> drent en leurs uz et libertez des-
> quelles entre les images qui nous
> en restent est l'autorité de nos
> Estats, quoique de jour en jour
> éclypsée par la malignité des temps
> et grandeur de la Monarchie. »
> GUY DE MALEVILLE.
> *Esbats sur le païs de Quercy.*

IMPRIMERIE DE A. LAYTOU, RUE DU LYCÉE

1881

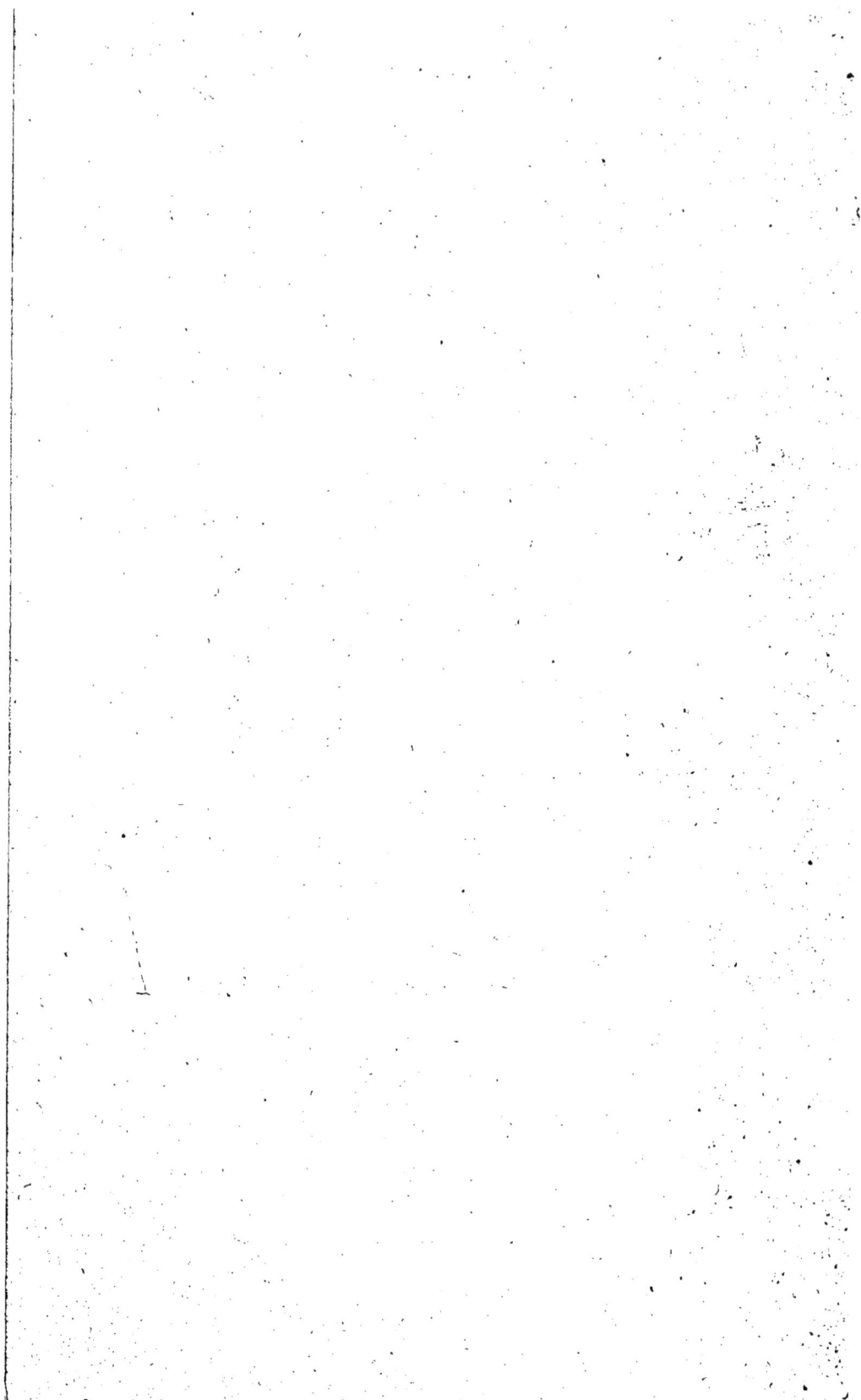

NOTES

POUR SERVIR A L'HISTOIRE

DES

ÉTATS PROVINCIAUX DU QUERCY

PAR

M.-J. BAUDEL,

Officier d'Académie, Censeur des études au lycée de Nice.

> « Nos Quercynois se maintin-
> drent en leurs uz et libertez des-
> quelles entre les images qui nous
> en restent est l'autorité de nos
> Estats, quoique de jour en jour
> éclypsée par la malignité des temps
> et grandeur de la Monarchie. »
>
> GUY DE MALEVILLE.
> *Esbats sur le païs de Quercy.*

INTRODUCTION [1]

A l'époque où le chroniqueur Guy de Maleville écri-
vait le curieux manuscrit auquel nous avons emprunté,
avec l'épigraphe de ce travail, beaucoup de détails
intéressants, les États provinciaux du Quercy commençaient à voir leurs attributions amoindries par le

---

[1]. Cette introduction a été lue à la Sorbonne, le vendredi 2 avril
1880, devant les délégués des Sociétés savantes.

développement de l'autorité royale ; mais il aurait été
facile à ce moment d'écrire leur histoire, et d'exposer
le rôle important qu'ils ont joué dans les annales
du pays. Aujourd'hui, la tâche est moins aisée, l'en-
treprise est presque audacieuse, car de tous les
documents relatifs à ces Assemblées, des procès-
verbaux de leurs séances, des registres de leurs
délibérations, il ne reste à peu près rien. Toutes ces
précieuses archives qui avaient été conservées avec
soin, même pendant la Révolution, à l'Évêché de
Cahors, ont été dispersées et anéanties par un acte
inouï de vandalisme et d'ignorance. Une ou deux délibérations dans le *Te Igitur*, quelques renseignements
recueillis çà et là dans les manuscrits de Maleville, de
Foulhiac, Salvat et Lacoste, voilà tout ce que nous
avons pu trouver pour reconstituer l'histoire de cette
Assemblée qui tint haut et ferme dans tant de circonstances le drapeau des libertés provinciales, qui sut
résister maintes fois aux prétentions de la royauté, et
sauva, pendant la guerre de cent ans, l'honneur et
l'indépendance du Quercy.

Nous avons essayé, malgré ces difficultés qu'on
ne refusera pas de reconnaître et dont nous espé-
rons qu'on voudra bien nous tenir compte, de faire
revivre ces petits États où s'agitèrent tant de graves questions, et qui, dans leur étroite sphère, avec
leurs faibles moyens, accomplirent pourtant de grandes choses.

L'historien Cathala Coture voudrait faire remonter
au IX⁰ siècle l'origine des États du Quercy, mais il
n'appuie cette assertion sur aucun fait, sur aucun
document, et il nous paraît difficile de constater leur
existence avant le XIIIᵉ siècle. La première réunion
que citent les chroniqueurs eut lieu en 1214, à Figeac,
sous la présidence de Simon de Montfort qui avait été

chargé par le roi Philippe Auguste de convoquer les États, et qui reçut, le 23 octobre, la soumission des routiers de Capdenac en présence des évêques de Cahors, de Rodez et de Mende, et de l'abbé de Figeac. Une autre assemblée ayant aussi pour but l'extirpation du brigandage dans le Quercy, se tint à Rocamadour, le 2 février 1231. Le vicomte de Turenne, Bertrand de Gourdon, l'abbé de Tulle, les consuls de Cahors et de Figeac, un second abbé, un prieur, dix-sept seigneurs et autant de délégués des Communes y signèrent solennellement, en présence d'une foule de pèlerins, un pacte d'Association pour mettre fin aux excès que des bandes de soldats licenciés et de voleurs de grand chemin commettaient dans le pays.

Voilà, ce nous semble, à quelle époque commencent d'une façon sérieuse les États du Quercy. Ils n'ont pas encore une forme bien déterminée ; c'est surtout un conseil de guerre, mais on y traite les affaires de la contrée, on y discute ses intérêts, on y vote des secours au Roi partant pour la croisade : c'est, en un mot, une assemblée délibérante.

Si nous recherchons maintenant comment elle était composée, nous trouverons que les trois ordres, le clergé, la noblesse et le tiers état, y étaient représentés dans des proportions qui varièrent souvent ; car ces États provinciaux eurent jusqu'en 1601 le droit de s'adjoindre des membres, et on ne voit y figurer d'une manière continue que les représentants de quelques fiefs et les consuls de certaines villes.

Ainsi l'Evêque de Montauban cessa d'y paraître, et prit place dans ceux du Languedoc, après un arrêt du grand conseil de 1502 qui lui refusait le pas sur l'abbé de Figeac ; les consuls de Molières n'y furent admis qu'en 1540, et le sire des Junies y entra en 1582.

Guy de Maleville le dit expressément : « Anciennement le nombre des membres des Etats s'accroissait continuellement ; mais le dernier de chaque ordre fut reçu dans ce corps à l'assemblée tenue à Caylus, en 1601.

A partir de cette époque, les Etats comprenaient, outre l'Evêque de Cahors, 11 membres du clergé, 27 membres de la noblesse, et les consuls de 27 villes ou châtellenies.

En voici la liste complète :

L'évêque de Cahors, l'abbé de Figeac, l'Evêque de Tulle, abbé de Rocamadour, l'abbé de Marcillac, l'abbé d'Aurillac, l'abbé de Maurs, le commandeur de la Chapelle Livron, le commandeur de Latronquière, l'abbé de Souillac, le doyen de Carennac, le prieur de Catus, l'abbé de la Garde-Dieu.

Le vicomte de Turenne, le vicomte de Bruniquel, le vicomte de Bruniquel-Cazals, le vicomte de Monclar, le baron de Castelnau-Bretenoux, le baron de Puycornet, le baron de Gourdon, le baron de Luzech, M. de Cardaillac Bioule, M. de Cardaillac St-Cirq, M. de Cardaillac Brengues, le marquis de Cardaillac Thémines, M. de Cardaillac St-Cernin, M. de Cardaillac Varaire, le baron de Caussade, le baron de Roquefeuil, le comte de Négrepelisse, le marquis de Montpezat, M. de St-Sulpice, le comte de Cabreretz, baron de Gramat, le comte de Vaillac, le baron de Felzins, seigneur de Montmurat, M. de Cazillac, M. de Cessac, M. de Boissières, M. du Vigan, M. de St-Projet, M. des Junies, M. du Boulvé.

Les consuls de Cahors, Montauban, Figeac, Moissac, Caylus, Lauzerte, Gourdon, Montcuq, Mirabel, Réalmont, Caussade, Montpezat, Négrepelisse, Bruniquel, Martel, Cajarc, Castelnau des Vaux, Rocamadour, Septfons, Vers, Pechbru, Molières, Bretenoux, Fons, Lafrançaise, Souillac et Montricoux.

La présidence en était dévolue à l'évêque de Cahors qui n'était pas seulement, au XVIIe siècle, le premier pasteur d'un vaste diocèse, mais un des plus puissants seigneurs de France. Cette prérogative ne lui avait jamais été contestée jusqu'en 1563, mais au mois de janvier de cette année, M. de Clermont-Lodève, gouverneur et sénéchal de la province, la lui disputa formellement. Sous le prétexte que c'était par lui que se faisait la convocation des Etats, il prétendait à la préséance sur tous les membres de cette assemblée. Les Etats repoussèrent énergiquement cette prétention et la dénoncèrent au parlement de Toulouse, qui la condamna définitivement. Ce droit fut encore confirmé à l'Evêque par divers arrêts du Conseil et par lettres patentes, notamment par l'arrêt du 17 avril 1657, rendu sur le rapport de M. de Lamoignon, portant annulation d'une assemblée des Etats convoquée et présidée par le Sénéchal et le Juge mage, et maintenant l'Evêque de Cahors dans tous ses privilèges.

A la suite de ce procès, intenté par Alain de Solminihac, nous lisons dans une délibération des députés des Etats, réunis à Moissac, le 10 novembre 1660, cette reconnaissance solennelle des droits du prélat : » L'Assemblée des douze députés déclare : Que le dit seigneur Evêque, baron et comte de Caors, est président né et perpétuel des trois Estats de ce pays, qu'il a toujours joui de ce titre, a toujours été assis et nommé le premier aux Estats, qu'il a de tout temps présidé et préside en toutes les Assemblées générales des dits Estats et aux particulières des douze députés ; que, en l'absence du seigneur évêque, son grand vicaire ou tel autre qui bon lui semble, de la qualité requise, préside en toutes choses, comme si le dit seigneur évêque, baron et comte, y était présent. »

Les Etats provinciaux ne se réunissaient qu'une fois

par an, mais, pour régler les affaires urgentes, ils avaient, comme l'ont aujourd'hui nos Assemblées départementales, une commission de permanence. Elle se composait de deux ecclésiastiques, de deux gentilshommes, et des consuls des huit premières villes. Pendant longtemps les membres de cette délégation, appartenant aux ordres de la noblesse et du clergé, furent élus par leurs collègues. Ainsi, en 1617, l'évêque de Tulle, abbé de Rocamadour, le prieur de Catus, le baron de Cardaillac et le sire des Junies furent désignés pour, avec le tiers état, entendre les comptes des receveurs, et vider durant l'année les affaires pendantes. Mais à partir de 1657, ces délégués furent choisis par l'Evêque.

Ils se réunissaient toutes les fois que les circonstances l'exigeaient, sur la convocation du prélat ou du gouverneur de la province.

Quant au lieu de réunion, quelques auteurs ont prétendu que les Etats ne pouvaient s'assembler que dans les quatre principales villes du Quercy, Cahors, Montauban, Figeac et Moissac, ou dans les quatre premières châtellenies, Caylus, Lauzerte, Gourdon et Montcuq. Cela n'est vrai qu'à dater de 1539, année où les Etats prirent une décision dans ce sens. Avant cette résolution, ils étaient convoqués là où les circonstances le permettaient ou l'exigeaient. Cette décision ne fut même pas toujours respectée, car nous trouvons en 1593 une réunion des Etats à Lavercantière.

La ville où se tenaient les Etats recevait une petite subvention pour les frais des collations, dragées et dîners qu'elle était tenue de donner. On accordait aussi quelque argent aux couvents, aux hôpitaux et à un trompette de cette ville. Les Etats avaient leurs syndics, assesseurs, receveurs et secrétaires gagés.

Les officiers du Roi qui assistaient aux assemblées, touchaient une indemnité. Le juge mage et le procureur du roi au présidial de Cahors prenaient toujours place parmi les commissaires du gouvernement, même lorsque les Etats étaient réunis dans une autre ville. Une somme de cent écus était allouée à l'Evêque, en sa qualité de président, à titre de frais de représentation, et quelques fonds étaient attribués aux douze députés.

S'il faut en croire Guy de Maleville, les fils adultes des seigneurs membres de l'Assemblée, pouvaient être présents aux délibérations, mais sans avoir le droit de voter, n'ayant pas encore l'âge voulu et l'expérience nécessaire.

Il nous reste maintenant à examiner quelles étaient les attributions de ces Etats provinciaux. Elles ont souvent varié, selon les temps et les circonstances, et leur importance a toujours été en proportion inverse de l'autorité des souverains. Les rares renseignements que nous possédons sur eux pour le XIIIᵉ siècle, nous les montrent s'occupant de la sécurité du pays dévasté par des bandes armées, votant un subside de 500 marcs à Sᵗ-Louis partant pour la croisade, enfin cherchant à extirper de la contrée les derniers restes de l'hérésie des Albigeois.

Pendant tout le XIVᵉ siècle, nous les voyons nommer des députés aux Etats généraux et s'intéresser surtout à la guerre contre les Anglais. Dans toutes les réunions de cette époque, il n'est question que de lutter contre l'envahisseur. En 1336, ils votent une imposition extraordinaire pour la défense du pays ; en 1356, ils avisent aux moyens de chasser l'ennemi ; en 1368 et en 1369, ils protestent énergiquement contre le honteux traité de Brétigny et le démembrement de la France. Ils ont recours tantôt à la force, tantôt à l'argent. En 1381, ils paient une somme de 1666 livres pour faire évacuer les places de Rocamadour, Castelnau, Vayrac, Anglars, Orgueil, etc; ils savent aussi, quand il le faut, résister aux prétentions royales. En 1392, un commissaire envoyé par Charles VI, vient à Cahors, pour y lever une imposition; les Etats refusent de la payer en alléguant l'état malheureux où la guerre a réduit le pays. Pendant toute cette funeste période, cette assemblée de l'élite du Quercy montre le plus ardent patriotisme, et les Anglais n'ont aucun adversaire plus vaillant et plus résolu.

Il en est de même pendant la première moitié du XVᵉ siècle. Fortifier les villes du Quercy, lever des troupes, reprendre les places tombées au pouvoir de l'ennemi, protester énergiquement contre les traités néfastes qui livrent à l'étranger nos plus belles et plus patriotes provinces, voilà la tâche à laquelle se dévouent les Etats. Ils prennent aussi quelques mesures financières, création des élus en 1437, réduction et réformation des feux en 1447, mais ils ne laissent échapper aucune occasion de manifester leur attachement à la patrie française, et quand le duc de Guyenne, frère de Louis XI, vient leur demander de lui prêter le serment accoutumé de fidélité, ils jurent de lui obéir, *envers et contre tous, la personne du Roi exceptée.*

Le rétablissement de la paix leur permet de s'occuper des travaux publics. Ils commencent, sous le règne de François 1ᵉʳ, à améliorer la navigation du Lot, font transformer plusieurs pertuis en écluses, et tâchent de faire diminuer les lourdes impositions qui pèsent sur le pays. L'Université de Cahors n'est pas oubliée dans leurs délibérations; ils s'efforcent, mais en vain, d'y retenir le célèbre Cujas que l'Hôpital appelle à Bourges, et votent, pour payer les professeurs, une somme annuelle de 3,700 livres.

Les guerres de religion viennent troubler de nouveau la tranquillité du midi. Après un siège terrible, une résistance héroïque, la ville de Cahors est prise d'assaut et mise au pillage par les protestants. Les Etats du Quercy se prononcent ouvertement en faveur de la Ligue, et la paix n'est rétablie qu'en 1593 par la suspension d'armes conclue à Castelnau de Vaux entre les Royalistes et les Ligueurs.

Ainsi, jusqu'au XVIIᵉ siècle, rien de ce qui intéresse la sécurité ou la prospérité morale et matérielle du pays n'échappe à l'action vigilante des Etats ; questions de paix ou de guerre, trèves à conclure, fortifications des places, vote des impôts et subsides, travaux publics, entretien de l'Université et des Collèges, tout rentre dans leurs attributions. C'est presque une assemblée souveraine.

Mais à partir de l'avènement de Henri IV, l'autorité royale s'affermit, les Etats provinciaux n'ont plus de rôle politique à jouer, si ce n'est pour élire en 1649 des députés aux Etats généraux. Ils imposent le Quercy pour une somme de 71,453 écus, à raison de 535 écus par feu, ce qui donne un total de 1,230 feux. Il ne leur reste plus à traiter que les questions financières, ou plutôt ils n'ont désormais qu'à voter les impositions que demandent les représentants du Roi.

L'établissement des élections, la création des Intendants, le développement de la puissance du monarque diminuent de plus en plus l'importance de ces assemblées. La province la plus voisine de la nôtre, celle qui a avec le Quercy le plus de liens et de relations, le Rouergue, voit ses Etats disparaître en 1651. Le Quercy perd les siens après la séance du 30 novembre 1673 dans laquelle ils traitèrent avec les agents de Louis XIV pour l'affranchissement du droit de franc-fief dans les trois élections, moyennant une somme de 154,500 livres.

Ainsi finit cette institution qui ne vécut pas sans grandeur, et qui, dans des temps difficiles, rendit de signalés services au pays.

Les trop rares documents que nous avons pu consulter suffisent cependant à montrer combien une histoire fidèle et complète de ces Etats serait intéressante, et combien il est regrettable que leurs registres et leurs archives aient été la proie d'une inintelligente destruction.

Cette histoire, nous n'avons pas la prétention de la faire. Nous nous bornons à donner, dans l'ordre chronologique, la liste des réunions sur lesquelles nous avons pu nous procurer quelques détails. Nous poursuivons ainsi un double but : attirer l'attention sur cette Assemblée, et faciliter la tâche à un chercheur plus heureux.

XIIIᵉ SIÈCLE.

1214. Le roi Philippe Auguste donne à Simon de Montfort, chef de la croisade contre les Albigeois, l'ordre de convoquer à Figeac les notables du Quercy, et de rendre en son nom la justice dans cette ville. Les Etats, si toutefois on peut donner ce nom à l'assemblée qui se réunit, traitent plusieurs affaires importantes, notamment la soumission des routiers qui s'étaient emparés de la place forte de Capdenac et qui répandaient la terreur et la désolation dans tout le haut Quercy. L'acte de soumission est daté de Figeac, et il a été rédigé le 23 octobre 1214 en présence de Simon de Montfort, des Evêques de Cahors, de Rodez et de Mende, et de l'abbé du monastère de Figeac.

1231. A la suite de la guerre des Albigeois, des bandes de soldats licenciés parcouraient le Quercy et ne vivaient que de rapine et de pillage. Pour mettre fin à leurs déprédations, un pacte d'association fut juré à Rocamadour, le 2 février 1231, en présence d'une foule de pèlerins, par le vicomte de Turenne, Bertrand de Gourdon, l'abbé de Tulle, les consuls de Cahors et de Figeac, un abbé, un prieur, dix-sept seigneurs et autant de communes.

L'acte de 1214 n'a eu lieu qu'en présence des représentants du Roi et du clergé. L'assemblée de 1231 est plus complète, les trois ordres y sont représentés.

1245. — Près de partir pour la première croisade, St-Louis demande des subsides à toutes les provinces. Les Etats du Quercy votent 500 marcs d'argent.

1251. — Les Etats du Quercy s'assemblent à Rocamadour pour demander à Dieu l'extirpation de l'hérésie, et prendre des mesures rigoureuses contre les hérétiques.

1270. — L'Evêque de Cahors, Barthélemy de Roux, convoque dans sa ville épiscopale pour le jour de St-Barnabé, les consuls de Figeac, de Gourdon, de Peyrilles, de la Bastide-Fortunière, de Lavercantière, de Cazals, de Salviac, de Pestillac, de Souillac, de Rocamadour, de Duravel, de Belaye, de Luzech, de Martel, de Creysse, de Caylus, de Caussade, de Septfonds, Fons, Puy-la-Garde, St-Pierre, La Capelle du Temple, etc.; à l'effet de conférer avec lui sur les affaires importantes concernant le pays.

Cet acte de convocation existe aux archives de la ville de Gourdon, section C, liasse 41. Il est écrit en patois et sur parchemin. Il nous montre que c'était à l'Evêque qu'appartenait le droit de convoquer les Etats, et il est probable qu'une semblable invitation fut adressée aux représentants du clergé et de la noblesse.

Ainsi, à la fin du XIII° siècle, les Etats du Quercy sont organisés et constitués ; la bourgeoisie y occupe une large place, et nous ne pouvons que regretter de n'avoir pas sur ces premières assemblées des renseignements qui nous auraient permis d'étudier à fond leurs attributions et leur rôle à cette époque si troublée.

XIVᵉ SIÈCLE.

1308. — La lutte entre la papauté et la royauté dans les premières années du XIVᵉ siècle, amena Philippe le Bel à chercher un appui dans l'opinion publique et à s'entourer des représentants de la nation. C'est à ce prince qu'est dûe la première convocation des Etats généraux qui furent pour toute la France ce que les Etats provinciaux étaient pour le Quercy. Au lieu d'être élus par les ordres réunis de la noblesse, du clergé et de la bourgeoisie, les délégués de notre région furent choisis par l'assemblée provinciale convoquée à cet effet dans la ville de Figeac en 1308 et 1309.

1336. — Nous ne savons si, dans les premiers temps, les Etats du Quercy se réunissaient chaque année, mais, lorsque commença la guerre de cent ans, dont notre pays eut tant à souffrir, ces réunions devinrent annuelles.

Nous en trouvons la preuve dans ce passage de la chronique manuscrite de l'abbé de Foulhiac :

« En 1336 commença la guerre entre les deux couronnes de France et d'Angleterre. Cette longue guerre ne finit que 120 ans après, par la bataille de Castillon. Ce fut sans doute à cette occasion que Pierre de Marmande, sénéchal du Quercy, tint à Cahors les *assises*, comme on les appelait dans ce temps-là. On dit *assiette* en Languedoc. C'étaient les Etats de la province que l'on tenait tous les ans pour régler les impositions des deniers jugés nécessaires pour la défense du pays. Faisaient partie de cette assemblée : L'Evêque de Cahors en sa qualité de comte du Quercy ; les quatre vicomtes de Turenne, de Gourdon, de Bruniquel et de Montclar ; les quatre barons de Cardaillac St-Cirq, de Luzech, de Puycornet et de Castelnau, ainsi que plusieurs autres seigneurs de la province, auxquels se joignirent les consuls de toutes les villes principales du Quercy. »

1356. — On lit dans le même manuscrit : « En 1356, on assembla les Etats de la province, à Belfort, pour tâcher de remédier aux maux du pays désolé par toute sorte de pillages. On y a résolu de chasser les soldats ennemis de l'Esparre, de Sérignac, et d'autres lieux encore où ils commettaient le plus d'excès. »

1359. — Une grande assemblée se tint le 25 avril 1359 à Montpellier pour rechercher les moyens d'opposer aux Anglais une résistance victorieuse. On y voyait les députés de la noblesse, du clergé et des villes des sénéchaussées de Toulouse, Carcassonne, Beaucaire, Rouergue, Quercy, Agenais et Bigorre.

Soumise en partie à la domination de l'étranger, notre malheureuse contrée était à cette époque divisée en deux camps : d'un côté, les partisans des Anglais qui ne formaient, il est vrai, qu'une infime minorité, mais qui occupaient la capitale du Quercy, et avaient pour eux le prestige de la victoire et l'autorité de la force ; de l'autre, et c'était presque toute la population, les Français fidèles et dévoués qui ne laissaient échapper aucune occasion de manifester par leurs paroles et leurs actes leur attachement à la mère patrie.

1366. — Nous avons dit ailleurs, (dans notre histoire de l'Université de Cahors), tous les efforts que firent les Anglais pour se concilier l'amitié des vaincus, les privilèges que le Prince Noir accorda à l'Université et à la Cité de Cahors, les améliorations qu'il fit apporter à la navigation du Lot. Le vainqueur essaya aussi d'organiser un semblant de représentation nationale et de convoquer une sorte d'Etats. — En 1366, il y eut à Cahors, suivant les mémoires des Consuls, une

grande assemblée à laquelle se trouvaient le sénéchal
d'Agenais, le marquis de Cardaillac, Ratier de Belfort,
l'Evêque d'Agen, assisté de plusieurs gens d'Eglise,
les nobles et les consuls de la province. On y traita du
gouvernement du pays, et l'abbé de Foulhiac ajoute
« que les avis de Pierre Caseton, jurisconsulte distingué, natif de Gourdon, qui y avait été appelé, furent
du plus grand poids dans cette occasion. »

Ce qu'il faut surtout remarquer dans cette réunion
de 1366, c'est l'absence complète du clergé Quercynois.
Il est fâcheux que le chroniqueur n'ait pu donner que
quelques noms, mais il est facile de voir que la plu-
part des députés devaient appartenir à l'Agénois. Les
Etats du Quercy ne se seraient jamais prêtés à deve-
nir un instrument docile aux volontés de l'Etranger.

1368. — Ils se réunirent en 1368 et 1369, mais pour
faire acte de patriotisme et pour protester énergiquement contre le honteux traité de Brétigny qui avait livré aux Anglais la ville de Cahors et plusieurs places
fortes du Quercy.

Ces deux réunions eurent lieu dans le magnifique
château de Castelnau de Bretenoux. On y voit encore,
dans la partie qui a été heureusement préservée de
l'incendie de 1851, la salle où se tinrent les Etats. « De
jolies baies romaines, dit M. l'abbé Poulbrière dans sa
monographie de Castelnau de Bretenoux, reliées par
une élégante cimaise, et composées chacune d'une sé-
rie d'arcatures a jour, inscrites dans un cintre commun, y répandaient de part et d'autre, l'air, la lumière
et la vie. »

1370. — Un des premiers actes de l'Evêque Bégon
de Castelnau fut de convoquer les Etats de la province
pour aviser aux moyens de préserver le pays des ravages commis par les Anglais. Par malheur, tous ces
patriotiques efforts étaient inutiles. Outre Cahors et

son territoire, l'envahisseur occupait Salviac, Cazals, Montamel, Rocamadour, Cardaillac, Fons, Thégra, Frayssinet, Vaillac, etc, c'est-à-dire les places les plus fortes et les points stratégiques les plus importants de la province. Bertugat d'Albret, Rénelieu et Bertrand de la Salle étaient les principaux chefs des bandes qui saccageaient la contrée.

1381. — Presque toutes les réunions des Etats provinciaux ont pour objet à cette époque, la guerre avec les Anglais.

Le 6 Juillet 1381, les députés du Quercy, du Rouergue, de la Haute-Auvergne et du Gévaudan s'assemblent à Rodez pour se mettre sous la protection du comte d'Armagnac, et pour traiter avec les Compagnies Anglaises, au sujet de l'évacuation des places qu'elles occupent. La province du Quercy paie 1366 livres pour la remise de Rocamadour, Castelnau, Vayrac, Quinsac, Anglars, Sabadel, Orgueil et Fraissinet.

1391. — Le roi Charles VI envoie à Cahors un commissaire appelé Pandi pour y lever une imposition extraordinaire. Les Etats sont convoqués à cette occasion et refusent de voter cet impôt, en alléguant, non sans raison, la détresse générale la profonde misère à laquelle est réduit le pays, sans cesse ravagé par les troupes ennemies, et dont les ressources sont épuisées par les nécessités de la défense. Ils décident qu'on demandera au roi l'exemption de cet impôt. Le Prince reconnaît que cette réclamation est fondée, et fait savoir aux Etats qu'il attendra des temps meilleurs pour exiger de nouveaux sacrifices.

1393. — Une trêve avait été conclue avec les Anglais, mais elle n'était pas strictement observée dans le Quercy. La lutte continuait toujours. Pour remédier à ce mal et pour faire cesser les plaintes qui lui parvenaient, le roi envoya un commissaire à Sarlat. On lui dit que la rupture venait des Anglais. Il leur fit alors connaître les ordres du roi d'Angleterre, mais ils n'en tinrent aucun compte. Les Etats du Quercy réunis à ce sujet décidèrent qu'on ferait la guerre aux garnisons anglaises, et écrivirent au sénéchal Guiscard d'Ulphe, qui était à Martel, d'aller attaquer immédiatement les Anglais.

Les Etats provinciaux n'avaient pas seulement à s'occuper du vote des impositions et des mesures à prendre pour assurer la sécurité publique ; il entrait aussi dans leurs attributions d'approuver tel ou tel changement de nom, ou le port de telles ou telles armoiries. Ainsi l'abbé de Foulhiac assure, d'après les manuscrits qu'il avait sous la main, que les Etats du Quercy autorisèrent la famille de Cardaillac St-Cirq à se servir des armes de l'ancienne famille des Balaguier, dont l'unique héritière épousa le père de l'évêque Bertrand de Cardaillac. C'était une prérogative dont nous n'avons pas besoin de faire ressortir l'importance. Seulement, quand on traitait dans la réunion des Etats une question relative aux privilèges de la noblesse, la bourgeoisie ne prenait pas part aux délibérations.

2

XVᵉ SIÈCLE.

Pendant le XVᵉ siècle, comme pendant le XIVᵉ, la guerre contre les Anglais et les dépenses qu'elle entraînait furent la principale préoccupation des Etats.

1407. — Ils se réunirent à Cahors, et décidèrent qu'il serait fait une levée de 100 lances pour la défense du pays contre les Compagnies Anglaises. Cinquante de ces gens d'armes devaient être à la charge des Etats, c'est-à-dire payés sur les impositions de la province, et cinquante à la charge du duc de Berry qui représentait alors le pouvoir royal dans la Haute-Guyenne. Chaque député envoyé à Cahors par les villes du Quercy recevait pour sa dépense quotidienne et celle de son cheval, 10 sous, et on lui en donnait 16 quand il amenait deux chevaux. C'était la taxe fixée, et les députés de Cahors touchaient aussi cette indemnité quand la réunion des Etats avait lieu dans une autre ville.

Ces mêmes Etats de 1407 accordèrent une somme de 100 francs d'or à Pons de Castelnau de Bretenoux pour les frais qu'il avait eus à supporter en négociant une trêve avec les chefs anglais. L'abbé Raymond de Foulhiac, qui nous fournit ce détail, dit même avoir vu l'original de la quittance signée à cette occasion par ce gentilhomme. On y voyait les armoiries des Castelnau et la signature suivante : Poncet, Seigneur de Castelnau et de Caumont.

1408. — Nous avons d'intéressants renseignements sur l'Assemblée de 1408. Nous les empruntons toujours à la même source, au précieux manuscrit de Foulhiac.

« Après la conclusion de la trêve avec les Anglais

au mois de mai 1408, on tint les Etats du Quèrcy dans la grande salle du palais épiscopal.

» Y assistèrent en première ligne :

1° Guillaume d'Arpajon, évêque de Cahors, pour lui-même et pour la Dame de Castelnau de Vaux ;

2° Raymond de Caussade, seigneur de Puycornet ;

3° Raymond de Salvagnac, prieur de Catus, pour lui et pour les héritiers de Jean de Gourdon ;

4° Fortanier de la Grèse, pour les Seigneurs de Bretenoux et de Montbrun, et pour Bertrand de Cardaillac ;

5° Jean Ricard, seigneur de Genouillac, pour lui et pour le seigneur de Thémines ;

6° Bernard de Cardaillac, seigneur de la Capelle-Marival et de Rudelle, pour lui et ses terres ;

7° Jacques Besset, Pierre Farcinet, Bernard Amanieu, consuls de Cahors, pour la ville et sa juridiction ;

8° Pierre de Bournazel, pour les consuls et juridiction de Figeac.

» En tout dix personnes présentes et six représentées.

Lesquelles, toutes assemblées en pleins Etats, voyant que la trève allait finir bientôt, et que les ennemis forts et puissants qui étaient sur les frontières, commençaient de nouvelles courses dans le pays déjà ruiné et beaucoup trop faible, étant dépourvu de troupes pour leur résister, députèrent vers le Roi le vicomte de Bruniquel et le doyen de Comminges qui devaient également aller trouver le duc de Berry, pour prier l'un et l'autre de vouloir bien leur envoyer un secours nécessaire à la défense du pays. On alloua à ces députés, pour tout le temps qu'ils traiteraient des affaires du pays, 3 francs d'or par jour. Cela valait alors 27 sous chaque franc.

» Les comptes des consuls de cette année nous apprennent qu'on leur adjoignit Buffet, un des principaux bourgeois de Cahors, à qui on alloua 10 sous par jour.

» Ces Etats ont décidé qu'on logera les gens de guerre dans les cabarets et pas plus chez les bourgeois, et que l'on donnerait à l'hôte, pour logement d'un cavalier, d'un homme d'armes et d'un valet, quatre deniers par jour.

» On imposa alors 6000 livres sur le pays pour l'entretien de 50 lances. »

1416. — La nouvelle de la défaite d'Azincourt occasionne à Cahors une vive émotion et de grandes craintes. Les Etats, voyant le péril où se trouve la ville, députent Pierre de Valon vers le Roi, le duc de Berry et le connétable, pour leur faire connaître le misérable état du pays et la nécessité de l'envoi de prompts secours. Les Anglais, en effet, se préparaient à attaquer la cité, et comme les habitants, ruinés par cette longue guerre, étaient hors d'état d'assurer leur défense, Pierre de Valon devait prier le Roi d'y pourvoir. En attendant l'arrivée des renforts demandés, les Etats firent réparer les fortifications du Pont-Neuf et du pont Valentré, et les gardes de ces deux ponts furent doublées.

1421. — Le honteux traité de Troyes venait d'être conclu. Reine coupable et mère dénaturée, Isabeau de Bavière avait livré la France à l'étranger et déshérité son fils. Mais les provinces du centre refusèrent de ratifier ce pacte infâme. Sous l'énergique ·impulsion du Duc de Bourbon, les Etats du Quercy, du Limousin, de l'Auvergne, et du Rouergue, s'unirent pour protester contre le traité de Troyes et pour combattre les Anglais. Il est bien regrettable de n'avoir aucun détail sur cette réunion; nous lisons seulement dans le manuscrit de Guy de Malleville que l'Evêque de Cahors s'y fit représenter par son sénéchal, Bernard de Castras, et par Jean de Fléno.

1423. — Malgré plusieurs tentatives, les Anglais ne réussirent pas à s'emparer de Cahors, mais ces luttes incessantes, ces ravages continuels avaient réduit toute la contrée à la plus affreuse misère. Aussi les Etats de 1423 cherchèrent-ils les moyens de rendre au pays la tranquillité dont il avait besoin. Ils chargèrent le seigneur de Puycornet, Raton de Roquemaurel, le viguier de Figeac, Jean Buffet, alors consul de Cahors, et un consul de Montauban, de négocier avec les chefs anglais une trêve générale, mais ces négociations ne purent aboutir. Alors pour éviter une surprise qu'on redoutait, les Etats firent de nouveau fortifier la ville et firent construire un mur le long du Lot, depuis le bas de la tour de la Barre jusqu'au collège Pélegry en suivant le port Bullier. Ce côté n'était jusqu'à ce moment défendu que par l'escarpement des rochers sur lesquels était bâtie la haute ville, et les compagnies anglaises, qui occupaient le village de la Roque-des-Arcs, et qui s'y étaient fortement établies dans les ruines de l'ancien aqueduc construit par les Romains, auraient pu en profiter.

1427. — Les incursions des Anglais étaient si fréquentes et si désastreuses qu'en 1427, les Etats du Quercy, convoqués à Cahors par l'évêque Guillaume d'Arpajon, prirent la résolution de reconquérir à tout prix les châteaux de Concorès et de Mercuès, occupés par l'ennemi. Le château de Concorès fut pris de vive force l'année suivante. Quant à celui de Mercuès, il fut vivement attaqué, et le chef des Anglais, le captal de Buch, se voyant dans l'impossibilité de le secourir, chargea Bertrand de Boissières, un des rares seigneurs quercynois attachés au parti anglais, de traiter avec les Cadurciens. Le château de Mercuès leur fut remis moyennant 16000 moutons d'or et une pièce de drap écarlate.

1430. — Cette somme de 16000 moutons d'or, somme considérable pour l'époque, n'était pas encore payée en 1430, car les Etats du Quercy, réunis cette année-là à Caylus, délibérèrent sur les moyens à prendre pour régler cette affaire.

1434. — Jean de Castelnau, évêque de Cahors, convoque les Etats au château de Castelnau de Bretenoux. « L'esprit patriotique présida à cette assemblée, dit Cathala-Coture, les membres des trois ordres, à l'exemple du prélat, malgré l'extrême épuisement du peuple, contribuèrent avec zèle et avec joie pour le salut commun. Les mesures y furent si bien prises que le succès le plus heureux les couronna. »

1437. — Les Etats du Quercy accordèrent au Roi Charles VII les Aides et Gabelles, qui étaient les droits qu'on levait sur les denrées et sur les marchandises, impôt correspondant aux contributions indirectes et aux octrois de nos jours. En même temps, les Etats nommèrent des députés pour en avoir la direction, et ces députés furent appelés les Elus. Les jugements et décisions des Elus étaient portés en appel devant des magistrats qu'on nommait Juges souverains des aides. Ce fut là l'origine des cours des aides et des Elections dont les bureaux furent établis pour le Quercy à Cahors, Montauban, Figeac, Moissac et Gourdon.

1441. — Le vicomte de Lomagne assemble à Caylus les Etats du Quercy. Les députés de Cahors refusent de s'y rendre, parce que leur ville n'a pas de traité avec les Anglais qui occupent ces parages. Ils craignent d'être dépouillés et même massacrés s'ils tombent entre les mains des bandes ennemies sans avoir un sauf-conduit.

1442. — Au mois d'août 1442, les Etats se réunissent à Cahors. On y décide le siège de Cuzorn et on demande des secours au Rouergue. On dispose l'artillerie de la ville, et principalement la machine appelée *Brida* qui est essayée le 19 août. Les troupes destinées à faire le siège se rassemblent à Cahors où on les loge dans les-faubourgs.

1445. — L'abbé de Foulhiac dit qu'en cette année 1445 on tint les Etats à Cahors et à Caylus, sans faire connaître les affaires qui y furent traitées.

1447. — Le 22 Juin 1447 les Etats sont convoqués à Figeac pour la réduction et la réformation des feux du Quercy. Le greffier de cette assemblée était un certain Clérissi.

1470. — Le roi Louis XI ayant cédé à son frère le duché de Guyenne en échange de la Champagne, ce prince nomma sénéchal du Quercy, le 5 Juillet 1469, Jean de Belmon, seigneur de Ruffec et de Fresnay. Le nouveau sénéchal se rendit à Cahors et son premier soin fut de convoquer les Etats du pays et de recevoir, au nom du duc de Guyenne, le serment de fidélité des députés.

Le serment que prêtèrent les Etats renfermait une restriction importante, et qui témoigne de l'inaltérable attachement que portaient à la France les habitans du Quercy. Les Etats jurèrent d'obéir au duc de Guyenne, envers et contre tous, la personne du Roi exceptée.

Quelque temps après, le Duc de Guyenne convoqua à Cahors les députés de toute la Guyenne. Il présida lui-même cette réunion solennelle, et ce fut l'Evêque d'Angers qui, par son ordre, en fit l'ouverture. On y voyait l'archevêque de Bordeaux et les évêques de Saintes, Bazas, Bayonne, Sarlat, Agen, Pamiers et Condom, les prieurs de toute la province, le comte de Périgord, le seigneur d'Albret, le seigneur de Candal, le captal de Buch, et les députés de villes et communautés.

Les séances eurent lieu dans la grande salle de l'Evêché. On vota pour le duc de Guyenne 120,000 livres, payables dans trois ans. On lui fit, en outre, présent de 30 pipes de vin, de 100 setiers d'avoine, de 400 charges de foin, de 100 livres de cire, 100 livres de confitures et 200 charges de bois.

On remarquera que l'Evêque de Cahors ne figure pas parmi les prélats présents aux séances.

Cette assemblée des Etats attira à Cahors une grande affluence d'étrangers. On l'évaluait à 10,000 personnes. Le prince témoigna une grande bienveillance aux députés des Etats et aux habitants de la ville ; il prit sous sa protection spéciale l'Université de Cahors, confirma ses privilèges et lui en accorda de nouveaux.

De Cahors, il alla à Cajarc, d'où il passa en Périgord. (1) La mort de ce prince, arrivée en 1472, amena le retour du Quercy à la couronne de France.

Nous n'avons plus de détails sur les réunions des Etats pendant les dernières années du XV° siècle. C'est regrettable, car il aurait été intéressant d'examiner les résultats de la politique de Louis XI dans les assemblées provinciales, les rapports de la noblesse et de la bourgeoisie, et la manière dont furent accueillis les nombreux impôts dont ce prince accabla les populations.

---

(1) Pour plus de détails sur cette réunion des Etats de la Guyenne, on peut consulter le document publié dans le tome III du Bulletin de la Société des Etudes du Lot, par notre ami, M. Louis Combarieu.

XVIᵉ SIÈCLE

1507. — On trouve dans les archives de la ville de Gourdon un document important et rempli d'intérêt. Ce sont les doléances du Tiers Etat de la province du Quercy, des officiers de justice et des marchands, au sujet des abus qui se sont glissés dans la levée des tailles et des emprunts, des privilèges de la noblesse, et de l'intégrité des limites de la sénéchaussée. Cette pièce porte la date de 1507.

1512. — Les Etats se réunirent le 23 octobre 1512. Ils votèrent les impôts et procédèrent à la répartition d'une somme de 300 livres donnée par le Roi aux pauvres contribuables. Les séances furent présidées par M. de Durfort, seigneur de Boissières, de Salviac, et de St-Germain, en l'absence de l'Evêque et du sénéchal.

1513 à 1520. — Les titres que l'abbé Salvat a eus à sa disposition, et les documents qu'il put consulter aux archives épiscopales, ne lui ont appris rien d'intéressant sur les réunions de 1513 à 1520. Le sieur Combans occupait toujours le poste de receveur des Etats. Cependant, en 1518, les Etats donnèrent au Juge Mage l'ordre de faire des poursuites contre ceux qui ne voudraient pas contribuer aux dépenses entraînées par les travaux entrepris pour rendre le Lot navigable. Ils reçurent aussi en 1519 un député envoyé par le syndic et les habitants de Labastide-Fortunière pour demander la décharge d'une partie du Belugage dont ils étaient grevés.

1525. — Les Etats, assemblés en 1525, reçoivent après la bataille de Pavie, pendant la captivité de François premier, des lettres de la reine régente de-

mandant, pour cette année, le paiement par antici-
pation de la taille. Les lettres étaient datées de Lyon.
Les Etats ne se refusèrent pas à cette aggravation de
charges, et approuvèrent les comptes de MM. Domer-
gues et Combefort, receveurs de la province.

1527. — Les Etats commencent à s'occuper sérieu-
sement des travaux publics. Dans la réunion tenue
à Cahors en 1527, ils décident, pour améliorer la navigation du Lot, et ouvrir ainsi au commerce et aux pro-
duits du pays de nouveaux et faciles débouchés, de faire
convertir plusieurs pertuis en écluses. Nous ne sau-
rions dire si ces projets, bien dignes pourtant d'être
réalisés, furent mis à exécution. D'après M. Delpon, le
savant et consciencieux auteur de la *Statistique du Lot,*
les plus anciennes écluses construites sur le Lot, ne
paraissaient remonter qu'au règne de Louis XIV. Cependant nous inclinons à croire qu'il y eut des travaux entrepris et exécutés, surtout quand nous nous
reportons à la délibération de 1518 qui enjoignait au
juge-mage de poursuivre ceux qui ne voudraient pas
contribuer aux dépenses nécessitées par ces améliorations.

Nous en trouvons une nouvelle preuve dans le passage suivant du manuscrit de l'abbé Salvat. « En 1527,
M. de Chaulnes subrogea le juge-mage du Quercy,
commissaire député par le Roi, sur la présentation des
lettres patentes du 6 décembre, en regard des impositions et autres objets. Les comptes furent renvoyés
en grande partie à l'année d'après, et lorsqu'on eut
nommé MM. des Etats, on présenta des requêtes à l'assemblée pour imposer l'entretien des gendarmes de
la compagnie du Roi de Navarre, auquel on fit une
députation. Une affaire pas moins intéressante, qu'on
mit sur le bureau, fut celle qui regardait la navigabi-
lité de l'Olt qu'on acheva autant qu'il était possible. »

1529. — En 1529, toujours d'après la chronique de l'abbé Salvat, les Etats du Quercy, ayant été convoqués par lettres royales, reçurent l'ordre d'entretenir les troupes qui stationnaient dans le pays. L'assemblée vota les impôts demandés et décida qu'on poursuivrait, au nom du pays, la suppression du poste d'Enquêteur au siège de Lauzerte et l'abolition de tous les offices nominaux. (?)

1530. — L'année d'après, les Etats reçurent des lettres de Sa Majesté donnant permission au pays de Quercy de délivrer les deniers de tailles au Roi de Navarre, comme étant son lieutenant général en Guyenne, et le 14 décembre, sur la réclamation des Etats, il y eut un Edit portant injonction de se retirer aux deux tiers de la gendarmerie établie en garnison dans le Quercy.

1553. — Le 15 mai 1533, on tint dans la ville de Montflanquin d'Agénois une assemblée des Etats du Quercy, de l'Agénois et du Périgord pour aviser aux moyens de résister aux entreprises du syndic des Etats du Rouergue qui soutenait l'intérêt particulier de sa province au préjudice du Quercy et des autres pays. A la suite des doléances présentées par les trois Ordres du Quercy, les deux provinces furent séparées pour le gouvernement politique comme elles l'étaient autrefois.

1538. — Vers la fin de cette année, les Etats du Quercy se séparèrent, après avoir traité plusieurs affaires importantes, et après avoir dressé un procès-verbal de leur visite de la rivière du Lot qu'ils reconnurent n'être pas encore propre à la navigation.

1539. — C'est en 1539, selon certains auteurs, en 1540, selon d'autres, que les Etats décidèrent qu'à l'avenir ils tiendraient alternativement leurs séances dans chacune des villes principales et des châtellenies de la province.

1542. — Nous lisons dans le manuscrit de Salvat ;
« Dans les Etats de cette année, on donna du temps
aux réparations du Lot. Les titres qui restent portent
les noms de ceux qui avaient été employés depuis la
dernière assemblée à rompre les rochers qui empê-
chaient le cours de ses eaux. On y voit aussi la solde
qui leur fut payée par jour ; et le total de l'un et de
l'autre, qui est effrayant, prouve que les réparations
de ce genre ne doivent jamais être renvoyées à des
intervalles trop éloignés. Peu de temps après, nos seigneurs reçurent ordre du Roi d'imposer 150 pipes de
vin et 75 charges d'avoine. Il ordonna en même temps
la levée de 1000 pionniers pour envoyer à Narbonne. »

1546. — Les Etats se réunissent à Cahors, sous la
présidence de Pierre Bertrandi, docteur, official et vicaire général. Ils demandèrent au Roi François premier la suppression de la Chambre des Requêtes nou-
vellement créée au Parlement de Toulouse, et l'abolition d'un quart de sou dont le pays avait été imposé
extraordinairement.

Ils examinèrent aussi les actes de l'administration
de Nicolas de Rozet, seigneur de la Garde, au sujet du
service des étapes dont il avait été chargé, et lui té-
moignèrent toute leur satisfaction. (Manuscrits de G.
Lacoste et Lavayssière).

1550. — Le roi adresse plusieurs lettres au sénéchal
du Quercy pour la convocation des Etats de la province. Conformément aux demandes des commissaires royaux, la taille est augmentée de 2000 livres.

1551. — La querelle qui s'était élevée en 1533 entre
le Quercy et le Rouergue était loin d'être apaisée. Le
procès durait toujours, témoin ce passage de G. Lacoste : « Les Etats du Quercy convoqués pour l'imposition de la taille et de la crue de deux sous par livre
qui avait été ordonnée, reçurent plusieurs lettres du

Roi Henri II. Par une de ces lettres, il leur mandait que
pour la surcharge de la taille du Quercy, il n'entendait
pas préjudicier au procès que ce pays avait contre le
Rouergue ; et, par une autre, il voulait que pour répon-
dre favorablement à la requête du syndic du Quercy,
on procédât à la vérification des commodités, incom-
modités et fertilités des pays de Rouergue, Quercy,
Périgord et Agénois. Pour comprendre le sens de ces
lettres, il faut savoir que les syndics de ces trois derniers pays étaient en procès depuis 1533 avec celui du
Rouergue, au sujet de la répartition de la taille qu'on
avait coutume d'imposer en masse sur toutes ces
quatre provinces. Le syndic du Rouergue prétendait
que son pays devait supporter une moindre portion
de l'impôt, comme étant moins fertile que les autres.
Celui du Périgord faisait valoir à peu près les mêmes
raisons en faveur de ses administrés. Le syndic du
Quercy soutenait que ce pays n'était pas plus fertile que
les deux autres. Il ajoutait que le Quercy avait moins
d'étendue, et cette dernière raison, qu'alléguait aussi le
syndic de l'Agénois, lui semblait suffisante pour faire
déchoir le syndic du Rouergue de ses prétentions.
Cette affaire occupa longtemps les tribunaux et le
conseil du Roi, et elle ne fut terminée que quelques
années après. »

1552. — « L'année suivante, dit le même chroniqueur,
il y eut plusieurs assemblées d'Etats dans le Quercy,
comme on le voit par leurs arrêtés du 12 janvier, 8
mars, 18 mai, 14 octobre et 15 novembre (Archives de
l'Evêché de Cahors). Ils créèrent un syndicat, pour
supplier le Roi de vouloir bien rembourser au Quercy
les emprunts faits par ses prédécesseurs, de ne point
créer des offices d'élus et de laisser le Quercy dans
ses libertés. Le paiement des tailles, crue et taillon,
fut anticipé. Le 3 mai, pendant la tenue des Etats, les

villes closes et tout le plat pays de Quercy se réunirent pour demander que tous les emprunts, subsides, etc., fussent imposés également sur tous les contribuables ; ce qui fut approuvé par le roi. Robert Dadine remplissait alors la charge de syndic des Etats, comme on le voit dans les acquits des mandats. C'est le premier de cette famille, qui devint dans la suite si illustre, dont nous ayons rencontré le nom dans les Chartes et autres monuments du pays. »

1555. — Après avoir dressé le registre des impôts de l'année et approuvé les comptes des receveurs, les Etats, voulant retenir à l'Université de Cahors le célèbre Cujas, lui firent les offres les plus avantageuses. Mais le savant professeur, à qui de graves démêlés avec un de ses collègues rendait pénible un plus long séjour dans le Quercy, s'empressa de céder aux instances du chancelier de l'Hôpital et de la Duchesse de Berry qui l'appelaient à Bourges. Il quitta Cahors après un an de professorat et y fut remplacé par Pierre Géraud de Vaxis, profond jurisconsulte et humaniste distingué. Cujas faisait grand cas de son successeur. Il en parle fréquemment dans ses lettres à Roaldès.

1556. — Les Etats se réunissent à Figeac. Ils votent la taille principale, l'impôt des villes closes, le taillon, la crue qui est de six sous par livre, c'est-à-dire une augmentation de trois dixièmes, et un octroi qui fut accordé au Roi. Pendant leur séjour à Figeac, des désordres assez graves se produisirent dans l'abbaye de cette ville. Les moines, trouvant la discipline trop dure, se révoltèrent contre l'abbé. Grâce à la présence des Etats et à l'action des hauts dignitaires ecclésiastiques qui en faisaient partie, la bonne intelligence ne tarda pas à être rétablie entre le prieur et ses administrés.

1563. — Le 18 janvier 1563, Louis de Peyrusse, juge-mage de Cahors, écrivit aux consuls de Montauban pour les inviter à se rendre aux Etats du Quercy. Le capitaine Saint-Salves, toujours posté au Moustier, leur fit parvenir la lettre d'invitation par un tambour de sa Compagnie. Les consuls répondirent au juge-mage que dans l'état continuel de siège où se trouvait leur ville, ils ne pouvaient se rendre aux Etats, mais que la Commune de Montauban acquitterait l'état des charges ou impositions qui la concernait. Cet état s'élevait à la somme de 2600 livres, et il fut remis aux consuls par Jean Dariac, receveur des impôts.

La réunion de cette année fut marquée par un incident que souleva le sénéchal du Quercy, mais qui ne tourna pas à son honneur. Personne n'avait encore songé à disputer à l'Evêque de Cahors le droit de présider et de diriger les Etats provinciaux. Au mois de janvier 1563, M. de Clermont-Lodève, sénéchal du Quercy, le lui contesta formellement. C'était le sénéchal qui convoquait les Etats, au nom du Roi. Pour ce motif, M. de Clermont-Lodève prétendait à la préséance sur tous les membres de l'assemblée. Jaloux de leurs privilèges, les membres des Etats protestèrent énergiquement, et dirent qu'ils ne consentiraient jamais à accepter pour président un magistrat souvent étranger au pays, et qui ne pouvait assister à leurs séances que comme représentant de l'autorité royale. Une déclaration conçue dans ces termes fut signée par tous les membres, et l'affaire fut portée devant le parlement de Toulouse. Cette cour souveraine hésita d'abord à trancher nettement la question. La première décision des juges cherchait à concilier les divers intérêts qui se trouvaient en jeu ; mais les Etats protestèrent de nouveau, et un arrêt de 1568 condamna définitivement les prétentions du Sénéchal,

1576. — Dans un ancien inventaire des archives de Cahors est mentionné « un registre, couvert en parchemin, contenant les délibérations et ordonnances de l'assemblée des Etats du Quercy de 1576. Ce registre a malheureusement été détruit dans l'incendie qui éclata il y a quelques années à l'Hôtel de ville de Cahors ; mais cette indication nous montre que, malgré les guerres de religion, les députés s'assemblaient régulièrement. Nous en trouvons une autre preuve dans la lettre que les consuls adressèrent cette même année à François de Roaldès pour lui offrir une chaire de droit devenue vacante par la nomination d'Antoine de Peyrusse aux fonctions de Juge-mage. Ils lui promettaient d'attacher à cette chaire des gages plus considérables *aux prochains Etats généraux de la province*.

1577. — Le seigneur de Puylaurens demande aux Etats du Quercy dix soldats équipés et soldés pour défendre son château contre les Huguenots qui occupent les places de Cardaillac, de Capdenac, de Latronquière et de Saint-Hilaire.

1579. — Le 5 décembre 1579, les Etats réunis à Moissac votent une somme de 3300 livres pour l'entretien de l'Université de Cahors et de plusieurs colléges. Nous avons publié dans notre histoire de cette Université cette importante délibération qui montre tout l'intérêt que les députés des trois ordres portaient à l'institution de Jean XXII et à l'instruction de la jeunesse.

1582. — Nous n'avons aucun renseignement sur les Etats de 1580 et de 1581. Quant à ceux de 1582, nous savons que Marguerite, reine de Navarre et comtesse du Quercy, nomma sénéchal de cette province messire Jehan de Morlhon, seigneur de St-Vincent, de Belcastel et des Junies, et que ce gentilhomme fut admis au nombre des membres des Etats, en sa qualité de seigneur des Junies.

1584. — Les Etats de cette année furent présidés, en l'absence de l'évêque Hébrard de St. Sulpice, retenu par une maladie à son château d'Albas, par le célèbre François de Clermont Touchebœuf, prieur de Catus, et chancelier de l'Université de Cahors.

1586. — Les Etats se réunissent à Gourdon, le 11 février 1586. Les impôts votés par l'assemblée s'élèvent à la somme de 22322 écus, 2 sols, 6 deniers.

Nous donnons ci-après le détail de ce budget, en faisant remarquer que les fonds alloués tous les ans à l'évêque de Cahors, en sa qualité de président né des Etats, n'y figurent pas, ainsi que les 3300 livres accordées à l'Université.

Ordonnance des Etats tenus à Gourdon, le 11 février 1586. (1)

Assiette et imposition de somme de deniers accordée au Roy nostre Sire en l'assemblée générale de Messieurs des trois Estats du païs de Quercy, faites en la ville de Gourdon, et continuées en la ville de Cahors par mandement de Sa Majesté Sérénissime, le 21 février jusque au second de mars 1586, suivant les délibérations sur ce prises et sous les conditions et protestations contenues au registre des Etats et au procès-verbal du seigneur de Saint-Sulpice, sénéchal et gouverneur du païs, commissaire subrogé pour Messieurs les Trésoriers généraux de France establis à Bordeaux, suivant la commission de Sa Majesté du 12e Août 1685 et subrogation du 3e novembre au dit an 1585 pour cette année 1586.

---

(1) Ce document a été trouvé par M. Duc, dans les archives de Caylus.

RECENSEMENT :

1º Au Roy nostre seigneur, pour le principal de la taille, ains que luy fut accordée l'année passée et soubz les modifications contenues au registre des Estats : — Quatorze mil trois cents quarante écus deux tiers.

2º Au dict seigneur pour la taille, commutation des vivres en argent ainsi que fust accordé l'année passée : — Quatre mil huit cens soixante deux écus sept sols trois deniers.

3º Encore au dict seigneur pour la crue de trois sols pour livre, comme fust aussi imposée l'année passée : — Deux mil cent cinquante ung escu huit sols.

4º A Monsieur le Commissaire qui a présenté la commission du Roy pour l'imposition de cette année 1586 : — Huit écus un tiers.

5º Pour les gages du Sénéchal, son lieutenant et greffier, ainsi que est contenu aux lettres patentes de l'imposition de cette année 1586 : — Trois cens quatre vingt écus, vingt-sept sols et trois deniers.

6º Pour les gages ordinaires de Monsieur Paul de La Croix, docteur advocat et consul et sindic du dict païs : — Trois écus ung tiers.

7º Pour les gages ordinaires de Monsieur Barnabé Tauran et Jehan Martiny, greffiers des dicts Estats : — Quarante escus.

8º Pour les gages ordinaires de Monsieur Jacques de la Barte, Pierre Hynard, Antoine de Bodosquier et Géraud Lacoste assesseurs dudict païs : — Treize escus ung tiers.

9ᵉ Pour les gages de MM. du Garric, advocat en la court de parlement de Toulouse, et Parade, procureur : — Trois escus ung tiers à chacun, ensemble : six escus deux tiers.

10° Pour gages de Monsieur Jehan Lebrun, recepveur dudict païs : — Cinq cens écus.

11° Au dict Lebrun, recepveur, pour faire tenir les mandes et lettres des Estats : — Huict escus.

1° Aux greffiers pour l'expédition des dicts mandes, lettres et registres : — Huict escus.

Toutes lesquelles sommes cy-dessus consignées en douze articles reviennent en bloc à la somme de vingt deux mil trois cens vingt deux escus, deux sols et six deniers.

Nous, président et douze députés du dict païs, avons ordonné estre imposée et levée ceste présente année sur les habitants contribuables du dict païs de Quercy suivant la forme en foy de quoy nous sommes ici signés.

Caors, ce 11e de mars, mil cinq cens quatre vingt six, Avons signé

1° L'abbé de Marcillac, vicaire général, Président ; Boyresse, pour le sieur abbé de Marcillac ;

2° Baron de Labarte, dépputé pour le doyen de Carennac ;

3° Guillaume Vaxis, dépputé pour Monsieur de Cardaillac, vicaire ;

4° Jean Vanelly, pour Monsieur du Vigan ;

5° P. de Reganiac, consul de Caors ;

6° De Minard, consul de Caors ;

7° Dujols, pour les Catholiques de Figeac ;

8° Galtié, dépputé de Moyssac ;

9° de Prés, consul de Caylus ;

10° Destrie, consul de Lauzerte ;

11° Amadieu, consul de la ville de Montcuq.

Tiré de son original, expédiée à MM. les consuls de Caylux. — Martiny.

1588. — En l'absence de l'Evéque Hébrard de St-Sulpice qui se trouvait aux Etats de Blois, l'assemblée du Quercy fut présidée par le prieur de Catus, François de Clermont Touchebœuf.

1589. — Les députés des trois ordres ne s'occupaient depuis longtemps que de questions financières et administratives, mais les guerres de religion, qui furent très-ardentes et très longues dans tout le midi, les amenèrent de nouveau à se mêler aux affaires politiques. « Au mois de Janvier 1589, — lisons-nous dans Maleville — une assemblée des gens des trois Etats du pays de Quercy se tint à Cahors. Icelle ville et autres catholiques d'icelluy pays, induits de la part du parlement de Tholose et du sieur comte de Bretenoux, conseiller au dit parlement, jurèrent la Ligue. »

La ville de Cahors montra toujours un inébranlable attachement à la foi catholique. Les souvenirs du siège et du pillage de 1580 étaient encore vivaces, les édifices brûlés ou ruinés par les protestans n'étaient pas entièrement reconstruits, aussi la population accueillit-elle avec enthousiasme la résolution de ses représentants. La foule entourait l'Hôtel de Ville, où étaient réunis les Etats, et chantait les refrains populaires à cette époque parmi les partisans de la Ligue.

1593. — Cependant ces guerres civiles, si désastreuses pour le pays, ne pouvaient pas longtemps durer. Un grand nombre de bons esprits déploraient ces funestes dissensions, et tout en restant fidèles à leurs convictions religieuses, repoussaient avec énergie l'idée d'une rébellion contre le pouvoir légitime, et se refusaient avec horreur à tout pacte avec l'étranger. Fatigué de ces tristes et stériles querelles, le pays voulait l'apaisement et la concorde, et ce fut avec des sentiments de conciliation que les députés se réunirent le 18 février 1593 à Castelnau des Vaux, aujourd'hui Castelnau-Montratier. Dans les réunions précédentes, il n'avait été question que de luttes et de carnage, on n'avait délibéré que sur les moyens à prendre pour écraser le plus tôt possible les royalistes et les protestants. Mais l'état déplorable où le fanatisme et la guerre avaient réduit ce beau pays, les villes saccagées, les châteaux rasés ou incendiés, les sanctuaires profanés, les plaines sans culture, présentaient un spectacle affreux et bien fait pour toucher les cœurs les plus endurcis. Un magistrat intègre, jurisconsulte distingué, qui avait abandonné, en 1576, sa chaire de droit à l'Université de Cahors pour succéder à son père dans les fonctions de juge-mage, Antoine de Peyrusse, fit un chaleureux appel au patriotisme des représentants du Quercy. Dans un langage aussi ferme qu'élevé, il leur fit comprendre qu'une trève était indispensable, et ses généreux efforts furent couronnés de succès. Comme il était impossible de détruire en un seul jour ces préventions réciproques qui dataient de plus de quinze ans, on vota une suspension d'armes dont la stricte observation fut garantie par les plus grands seigneurs de la province. Deux jours après, le 20 février, Antoine de Peyrusse prononçait un nouveau discours et demandait que les divers articles de la trève fussent publiés dans tout le Quercy. Malgré ces précautions, il y eut encore des luttes sanglantes, et le 16 mars, Antoine de Peyrusse adressait aux Etats de nouvelles remontrances. En sa qualité de commissaire royal, il leur demandait le vote des impôts, et revenait avec insistance sur la nécessité d'observer la convention établie.

Les Etats se réunirent de nouveau vers la fin de l'année, dans la ville de Caussade, et le 18 décembre, Peyrusse, toujours sur la brèche, demanda et obtint la prolongation de la trève pour l'an 1594.

1594. — La session de 1594 fut longue et agitée, car le recueil des discours de Peyrusse imprimé à Cahors, en 1603, par Claude Rousseau, nous apprend qu'il prononça trois harangues : le 19 mars, sur l'observation de la trève et l'imposition des deniers ; le 1ᵉʳ mai, sur la reconnaissance du Roi Henri IV, comme roi de France et de Navarre ; et enfin, le 30 mai, sur les soulèvements populaires qui venaient de se produire dans plusieurs sénéchaussées de la Guyenne.

Les Etats avaient été convoqués à ce sujet, au bourg de Lavercantière, par le sénéchal de Thémines. Peyrusse proposa diverses mesures pour calmer ces désordres.

1596. — Les Etats se réunissent à Cahors, au mois de février, sous la présidence de l'Evêque Hébrard de St-Sulpice, et par le commandement du Maréchal de Matignon, lieutenant du Roi en Guyenne, qui assiste aux séances. Les Etats avaient peut-être manifesté quelques velléités de résistance à l'établissement de nouveaux impôts. Le discours que Peyrusse prononça à cette occasion est intitulé : « Remontrance de M. de Peyrusse, juge-mage du Quercy, sur l'exécution des lettres patentes et commissions du Roi pour la levée de ses deniers de tailles ».

1598. — On lit dans le manuscrit de l'abbé Salvat : « Les Etats de la province, rassemblés cette année à Figeac, ne nous offrent rien de particulier. Les consuls des villes basses, Mirabel, Caussade, Réalville, Montpezat, Négrepelisse, Castelnau de Vaux, Bruniquel, Roquemadour, Septfonds, Vers, Molières, Bretenoux et Fons, furent taxés à 6 écus, comme on le voit par l'esquisse des actes qui subsistaient encore au XVIIIᵉ siècle. On n'a rien transmis qui puisse intéresser les affaires d'autre genre qui furent traitées dans cette assemblée. On sait néanmoins qu'Antoine Hébrard de Saint Sulpice, évêque de Cahors, a signé les actes qui restent. »

XVIIᵉ SIÈCLE

1600. — C'est pour la dernière fois que les Etats de la province, réunis à Caylus, admettent de nouveaux membres. A partir de cette époque, ce corps resta limité au nombre de députés que nous avons donné dans notre Introduction.

1601. — Les Etats assemblés à Lauzerte, imposent le pays pour 71,453 écus et 51 sols, soit pour chaque feu, 535 écus, 27 sols et 3 deniers. Le Quercy comptait donc environ 1,230 feux.

1603. — Le 20 février 1603, les Etats se réunissent à Gourdon.

1611. — Les Etats sont convoqués à Cahors, pour le 29 mai, par le maréchal de Thémines. A la suite de l'arrêt du conseil, du 25 juin 1610, rétablissant dans le Béarn l'exercice de la religion catholique, et ordonnant que les biens dont on avait dépouillé les ecclésiastiques leur seraient rendus, les protestants, se croyant menacés, s'étaient soulevés dans tout le midi. Ce fut pour empêcher les Montalbanais de suivre l'exemple des Rochelois que le maréchal de Thémines et son fils, le marquis de Lauzières, sénéchal du Quercy, réunirent les Etats, et sommèrent particulièrement les députés de Montauban de s'y rendre. Ils n'y manquèrent pas.

Dès la première séance, le Maréchal, après avoir longuement parlé de l'affection que le Roi portait à sa bonne ville de Montauban, et de sa ferme intention de maintenir les protestants dans leurs libertés et privilèges, demanda en retour la promesse d'une entière obéissance. On lui répondit par des acclamations unanimes. Le Maréchal, voulant profiter des bonnes dispositions de l'assemblée et désirant une réponse précise, demanda alors aux députés de Montauban l'engagement formel de se soumettre à la déclaration de Fontainebleau et de renoncer à toute espèce d'associations.

Les députés refusèrent de prendre un tel engagement et demandèrent huit jours de réflexion. Dès que cette nouvelle fut connue à Montauban, elle y causa une vive émotion. L'Evêque et le Chapître s'enfuirent; les officiers du sénéchal se retirèrent à Moissac, et les Montalbanais envoyèrent au Maréchal une lettre dans laquelle, après avoir affirmé leur dévouement au Roi, ils déclaraient « qu'étant étroitement joints par les liens d'une même foi et créance avec le corps entier des églises réformées de France, ils ne pouvaient se désunir d'icelles sans commettre une trop lâche perfidie. » C'était une déclaration de guerre, aussi le maréchal de Thémines s'empressa de faire occuper par ses troupes et de mettre en état de défense les postes les plus avantageux. Les hostilités ne tardèrent pas à commencer, et la guerre civile désola de nouveau quelques parties du Quercy jusqu'en 1629, époque où Montauban se rendit au Cardinal de Richelieu et vit raser ses fortifications.

Le manuscrit de Maleville nous apprend que « les Etats du pays de Quercy rentrèrent dans leurs droits par la suppression des Elus audit Quercy, dès les deux ans précédents. » Ce passage semblerait indiquer que le Roi aurait essayé d'établir à Cahors un bureau d'Election, mais que, devant la résistance du pays et en présence des soulèvements qui se préparaient, il serait revenu sur cette décision qui rendait désormais inutile toute réunion des Etats, en leur enlevant l'unique privilége qui leur restait, celui de voter les impositions. Au lieu de commissaires nommés par les Etats, le tribunal de l'Election ne comprenait que des délégués royaux qui connaissaient de l'assiette des tailles, aides, et autres impôts et levées des deniers, ainsi que des cinq grosses fermes, et qui jugeaient tous les procès qui s'élevaient à cette occasion.

C'était une institution bien faite pour diminuer l'importance des Etats provinciaux et augmenter le prestige de l'autorité royale. Aussi ces bureaux d'élection ne tardèrent-t-il pas à être établis dans tout le Quercy à Cahors, en 1623, à Figeac et Moissac, en 1627.

1614. — Les Etats s'assemblent à Gourdon.

1616. — Un arrêt rendu au mois de novembre par le conseil d'Etat semble devoir mettre fin à une lutte depuis longtemps engagée entre l'Evêque et les députés au sujet des droits de ce prélat. Le 14 février 1563, des lettres patentes avaient maintenu l'évêque de Cahors en tous ses privilèges en l'ancienne forme aux Etats du Quercy. Le 5 janvier 1568, nouvelles lettres patentes « confirmant les évêques et le clergé aux mêmes rang, séance et ordre qu'ils ont accoutumé en l'assemblée des trois Etats, sans que les sénéchaux, leurs lieutenants ni autres officiers leur puissent faire aucun empêchement. » Le 14 décembre 1583, un arrêt du grand conseil, rendu en faveur d'Hébrard de Saint Sulpice, le maintient en tous ses privilèges aux Etats du Quercy. Le 11 septembre 1592, un arrêt du parlement de Toulouse défend aux députés du Quercy d'empêcher l'Evêque de nommer 4 députés, 2 de l'Eglise et 2 de la noblesse pour assister à la reddition des comptes du pays, et de contrevenir à l'arrêt de 1582. Enfin l'arrêt de novembre 1616 confirme tous les privilèges de l'Evêque.

Malgré toutes ces décisions, le 17 mars 1617, les députés des trois Etats, assemblés à Montcuq, nomment députés du clergé et de la noblesse pour assister, avec les délégués du tiers état, à la reddition des comptes, l'Evêque de Tulle, le prieur de Catus, le baron de Cardaillac et le seigneur des Junies.

Ces tentatives d'opposition et de résistance déplurent au Roi, qui profita de la paix de Montpellier et de la suspension momentanée des troubles occasionnés par les protestants, pour établir en 1623 un bureau d'élection à Cahors. « Ce qui annonçait, dit Cathala-Coture, la suppression prochaine des Etats du pays. On ne voit pas, en effet, que, depuis cette époque, ils aient été assemblés. »

La première de ces assertions est fondée, mais la seconde est contestable, car les Etats se réunirent en 1640, et les consuls de Molières y figurèrent pour la première fois. Le passage suivant que nous empruntons à M. Emile Dufour témoigne également que les Etats n'étaient pas encore supprimés. « On trouve, dit ce laborieux historien, la trace de l'existence des Etats du Quercy vers le milieu du XVIIᵉ siècle, par la délibération de l'assemblée des douze députés touchant les droits de l'Evêque, tenus à Moissac, le 10 novembre 1660, par une autre du 14 août 1642, relative aux francs-fiefs, et par divers actes se rapportant à l'université de Cahors, de 1642 à 1662, prouvant que les petits Etats du moins existaient encore à cette époque. »

1649. — Nous trouvons une nouvelle preuve de leur existence dans le conflit qui s'éleva au sujet de leur convocation entre l'Evêque et le Sénéchal, et qui dura de 1649 à 1657.

Au commencement de l'année 1649, le Roi, voulant réunir à Orléans les Etats généraux, écrivit aux sénéchaux et aux Gouverneurs de faire nommer les députés des provinces. Le duc d'Epernon, alors gou-

verneur et lieutenant-général en Guyenne, donna à
M. de Regourd, juge-mage du Quercy, l'ordre de convoquer les Etats. Ce magistrat exécuta les ordres
qu'il avait reçus, mais comme il savait combien l'E-
vêque Alain de Solminihac était jaloux de ses privilèges et tenait à faire respecter ses droits, il lui adressa
la lettre suivante : « Monseigneur, ayant reçu commandement du Roy, du 24 dernier, accompagné d'une
lettre de M. d'Epernon, du 3 du courant, de convoquer les trois ordres des Etats du pays du Quercy, je
n'ai pas voulu manquer de vous en donner avis aus-
sitôt, afin qu'il vous plaise honorer l'Assemblée de
votre présence, et aider par votre zèle à l'exécution
des intentions de Sa Majesté. L'importance du sujet
de cette convocation me fait espérer, Monseigneur, que
nous aurons l'honneur de vous y voir. Ce sera dans
Caors, au 25 du courant. Si mon indisposition m'avait
permis de monter à cheval, j'aurais eu lieu sous votre
bon plaisir, de vous porter moi-même la dépêche que
je suis obligé de vous faire à ce sujet ; mais étant privé
de ce bonheur par une suite de ma mauvaise santé, j'es-
père que vous aurez agréable cette lettre et les assu-
rances que je vous donne d'être toujours de tout mon
cœur et avec tout le respect que je dois, Monseigneur,
votre très-humble et très-obéissant serviteur.

Regourd, juge-mage, lieutenant-général du Quercy.

Caors, le 12 février 1649. »

Cette marque de déférence ne satisfit point l'Évêque. Il s'abstint de paraître à la réunion des Etats,
déclara qu'il la considérait comme illégale et attenta-
toire à ses droits, et porta l'affaire devant le Conseil
du Roi.

1650. — Le même fait se reproduisit l'année suivante. L'abbé Salvat nous fournit sur cette Assemblée

des détails que nous sommes heureux de pouvoir lui emprunter.

« Monsieur le duc d'Épernon, gouverneur et lieutenant-général de la province de Guyenne, avait donné une ordonnance le 17 mars 1650 pour tenir l'Assemblée des États du Quercy. Sur cet ordre ou permission, comme on voudra l'appeler, Monsieur Geoffroy Cardaillac, baron de Saint-Cirq-Lapopie, MM. les Consuls et députés des villes de Cahors, Montauban, Figeac, Moissac, Caylus, Lauzerte, Gourdon et Montcuq, MM. de Thémines et Roussel, syndics du pays, s'assemblèrent dans la maison commune de Cahors, en présence de MM. Ambroise de Regourd, conseiller du Roi, juge-mage et lieutenant-général de la sénéchaussée du Quercy au siège présidial de Cahors, et Pierre Boyssi, conseiller et procureur de Sa Majesté au même siège.

» Le syndic Molinier représenta dans cette Assemblée que Monsieur de Gargan, conseiller du Roi en ses conseils, Intendant des finances et commissaire député par Sa Majesté en cette province, lui avait fait connaître, en passant par Cahors, qu'il était venu dans le pays pour écouter les plaintes du peuple, corriger les abus qui lui seraient connus, et rendre enfin la justice autant que l'étendue de sa commission le requerrait. Il représenta comme une chose nécessaire de députer vers lui à Toulouse quelques membres de l'Assemblée pour lui demander justice sur l'altération faite au tarif général des tailles qu'on devait imposer sur toutes les élections du Royaume, et dont la généralité de Montauban ne devait supporter qu'un dix-septième. Les députés en conséquence furent chargés d'observer à M. l'Intendant que la généralité de Montauban se trouvait cotisée à raison d'un treizième qui revenait à la somme de 300,000 écus pour sa portion, eu égard aux 40 millions de livres que Sa Majesté demandait aux élections à titre de taille, et de toute autre imposition. Par suite, on devait appuyer sur la décharge non motivée des élections d'Armagnac, Comminges, Lomagne et Astarac, d'environ 100,000 écus dont la charge avait été rejetée sur les élections du Quercy, Rouergue et Rivière-Verdun.

» Ces élections n'ayant voulu ou n'ayant pu, avant cet adoucissement, supporter leurs impositions, s'étaient soulevées contre les Brigadins envoyés pour en favoriser la collecte, et les partisans avaient fait remettre à M. l'Intendant la somme de cent mille écus, qui se trouvaient en reste sur les élections de Rouergue, Rivière-Verdun et Quercy, manière de charge qui avait été observée depuis 1639 ; ce qui prouvait que l'obéissance de ces provinces par rapport au service du Roi avait été punie de cette surcharge, tandis que la rébellion avait été récompensée.

» Le syndic appuya principalement sur les ordres donnés par Sa Majesté, avant les déclarations des mois de juillet et d'octobre 1648, pour qu'on fît la levée d'un fonds de quatre-vingt mille livres destiné aux étapes du pays. Il représenta que cette imposition, après avoir duré jusque vers l'année courante, avait été employée au remboursement de ceux qui en avaient fait les avances, et que la vérification des dépenses des communautés pour cet objet avait été faite au préalable devant MM. les Trésoriers de France en la généralité de Montauban, que les frais de cette vérification ou du recouvrement de ces avances absorbaient entièrement cette somme, et que le peuple par ce moyen était privé du remboursement qu'il avait lieu d'attendre.

» Pour obvier à cet inconvénient, le sieur Molinier

proposa de supplier Sa Majesté ou le Commissaire
de vouloir tenir quitte de toutes impositions et charges pour gens de guerre ou autrement, chaque
élection qui aurait payé sa portion des 40 millions de
livres que Sa Majesté avait fait imposer sur toutes
les généralités du royaume à titre de taille, taillon,
quartiers d'hiver, garnisons et toutes autres charges,
de quelque nature qu'elles puissent être.

» L'assemblée, après avoir délibéré sur ces proposi-
tions, résolut d'une voix commune qu'on députerait
MM. de la Vernhe, consul de Montauban, de Peyro-
nenc, consul de Caylus, Molinier, syndic, comme
mieux instruits de l'affaire, pour aller supplier monsieur de Gargan de rendre justice au pays, sur l'altération de l'ancien tarif, au sujet d'Armagnac et autres élections susdites, sur celles de Quercy, Rouergue
et Rivière-Verdun, et surtout qu'il voulût bien ordon-
ner le remboursement des avances faites pour le logement des gens de guerre, conformément aux déclarations du Roi du mois de juillet et octobre 1648, jusqu'au jour présent.

» Il fut résolu en même temps de prier le commissaire du Roi de prendre des moyens pour remédier
aux maux que souffrent les bons sujets de Sa Majesté
par la licence des soldats dont l'impunité dans les
extorsions accablantes oblige plusieurs chefs de famille d'abandonner leur biens et leurs maisons.

» On observa que la violence était à un tel point
qu'ils traitaient les habitants des villes et des campa-
gnes, lorsqu'ils étaient les plus forts, comme s'ils eus-
sent conquis un pays ennemi, ne leur laissant pour
salaire de leur obéissance que le désir de la mort. Les
députés furent chargés de représenter que si on n'y
remédiait pas, et avec efficacité, le Roi serait privé

dans peu de temps des secours qu'il devait attendre des habitants du Quercy.

» L'assemblée s'obligea de ratifier tout ce que MM. les députés auraient négocié ou poursuivi devant le commissaire du Roi, ou ailleurs, comme il appartiendrait.

» Le résultat de ce comité Quercynois, fut signé à Cahors, le 4 avril 1650, sous les yeux et témoignage de MM. de Cardaillac Saint-Cirq, Regourd, juge-mage, Boissy, procureur du roi, Boisson consul de Cahors, La Vernhe et Barthe, consuls de Montauban, Malatic, consul de Figeac, Douches, consul de Moissac, Bovics, consul de Gourdon, Pern, consul de Montcuq, Duham, consul de Lauzerte, Roussel, secrétaire des Etats du Quercy. »

Comme en 1649, l'Évêque Alain de Solminihac protesta contre cette réunion qu'il n'avait pas provoquée et demanda l'annulation des résolutions votées par les Etats. Voulant défendre les privilèges qu'il tenait de ses prédécesseurs et les transmettre intacts à ceux qui lui succèderaient, il poursuivit en justice tous ceux qui les avaient usurpés, fit évoquer l'affaire au Conseil privé du Roi, et finit par obtenir la condamnation de ses adversaires et la reconnaissance solennelle de ses droits.

Ce procès, où les deux parties montrèrent une égale obstination, dura près de huit ans.

Enfin le 17 avril 1657, sur le rapport de M. de Lamoignon, fut rendu un arrêt qui donnait entière satisfaction au prélat, et dont voici les termes : « Le roi Louis XIV maintient et garde le Sieur Evêque de Cahors en la qualité de président né et perpétuel des trois Etats du Quercy, et en conséquence, au droit de présider à toutes les assemblées générales et particulières de ces Etats, et de les convoquer, même de

commettre tel que bon lui semblera de la qualité requise, pour y présider en sa place, comme aussi au
droit de nommer et de choisir deux députés de l'Eglise
et deux de la noblesse, aussi tels que bon lui semblera,
même à l'exclusion des présents, pourvu toutefois
qu'il soient du corps desdits Etats, pour, avec les consuls des quatre villes principales et des quatre châtellenies, assister à l'audition des comptes et pourvoir
aux affaires courantes, et au droit de faire et signer
la taxe et département, c'est-à-dire la répartition des
frais de la tenue desdits Etats, et signer aussi seul les
mandements tant pour les frais que pour la distribu-
tion des deniers qui s'imposent pour les frais inopi-
nés dudit pays, et généralement en tous les droits,
privilèges, autorité et prééminence à lui appartenant
en ladite qualité. »

La victoire de l'Evêque était complète. Les Etats
n'essayèrent pas de résister, et le 10 novembre 1660,
les douze députés, assemblés à Moissac, reconnurent,
en termes identiques à ceux de l'arrêt du 17 avril 1657,
les prérogatives du prélat.

Soumission inutile ! L'heure approchait où ces Etats,
dernier refuge des libertés provinciales, allaient disparaître pour faire place aux mandataires de la mo-
narchie absolue. Il ne fallait plus qu'un semblant
d'opposition pût se produire, qu'une voix pût s'élever
pour protester contre des mesures arbitraires ou pour
signaler des fautes commises. Tout était dit, tout était
justifié quand au bas d'un arrêt ou d'un ordre s'éta-
lait l'insolente formule : *Car tel est notre bon plaisir.*

Le Rouergue avait perdu ses Etats en 1651, parce
qu'ils avaient voulu s'opposer à l'établissement des
élections, le Quercy perdit définitivement les siens en
1673.

Dans leur dernière séance, le 30 novembre, ils votèrent pour l'affranchissement du droit de franc-fief dans les trois élections, une somme de 154,500 livres.

Au reste, depuis 1635, époque de la création des Intendants, les Etats provinciaux n'avaient plus joué qu'un rôle bien effacé, et leur inutilité équivalait à une suppression.

Ce ne fut pas sans de sérieuses résistances que le pays subit cette nouvelle administration. En 1648, une déclaration royale, en date du 13 juillet, supprima les intendants dans plusieurs provinces et limita dans d'autres leurs attributions. Mais en 1654, leurs anciens pouvoirs leur furent rendus.

« Louis XIV les investit d'une autorité sans limites, dit M. Léonce de Lavergne dans son beau travail sur les *Assemblées provinciales sous Louis XVI*. Instruments passifs de la tyrannie fiscale, ce fléau des gouvernements absolus, ils épuisèrent d'hommes et d'argent, pendant ce règne fatal, les malheureuses provinces qui leur étaient livrées. »

De nombreuses plaintes s'élevèrent contre eux. Vauban, Boisguillebert, Boulainvilliers, St-Simon signalèrent les abus effrayants auxquels donnait naissance le manque de tout contrôle. Dans un mémoire qu'il écrivit secrètement, en 1711, pour le duc de Bourgogne, une des illustrations de notre Quercy, Fénelon, demandait le rétablissement des Etats provinciaux. Le marquis de Mirabeau exprima les mêmes idées, en 1750, dans un hardi mémoire qu'il adressa au Roi.

Dès son arrivée au ministère, Turgot, qui avait été intendant à Limoges et avait pu mesurer toute l'étendue du mal causé par ses collègues, songea à instituer des Assemblées électives. Necker, son successeur, se mit résolûment à l'œuvre. En 1778, il organisa dans le Berry une assemblée provinciale; en 1779, il en fit

autant dans le Dauphiné, et le 11 juillet de la même année, un arrêt du conseil en établit une dans la générra-
lité de Montauban, qui fut désormais désignée sous le
nom de Haute-Guyenne. Cette Assemblée comprenait
52 membres, dix du clergé, seize de la noblesse et
vingt-six du tiers Etat. Elle se réunit à Villefranche de
Rouergue, sous la présidence de l'évêque de Rodez, et
se sépara en 1786, après de remarquables et utiles travaux, parmi lesquels nous mentionnerons la révision
du cadastre, une enquête sur l'état agricole de la généralité, la création à Cahors d'une école d'ingénieurs
géomètres, et de nombreux encouragements au commerce et à l'industrie. Il serait injuste d'oublier la part
prise à ces réformes par M. Henri de Richeprey, dont
le Quercy sut reconnaître et apprécier les talents et le
dévouement.

La session de 1786 fut la dernière. Les Etats provinciaux ne se réuniront plus désormais. La convocation
des Etats généraux et la Révolution qui en est la conséquence les rendent inutiles et même impossibles,
en centralisant tous les pouvoirs au siège du gouvernement, et en concentrant dans une seule assemblée
les représentations des diverses parties de la France.

Quelque imparfait et incomplet qu'il soit, cet Essai
pourra donner une idée de ce que furent les Etats du
Quercy. D'autres Assemblées ont joué un rôle plus important et qui touche plus directement à l'histoire générale du pays; aucune n'a montré plus de patriotisme
et d'amour d'une sage liberté !

Les emprunts que nous avons pu faire aux anciens
chroniqueurs qui avaient en mains toutes les pièces
officielles, tous les procès-verbaux, ne rendront que
plus sensible la perte de ces précieux documents. Si
nous les possédions, combien ne serait-il pas intéres-

sant d'étudier les délibérations et les actes de ces Assemblées pendant la guerre de cent ans et les guerres de religion, et de les suivre dans leurs luttes contre les empiètements du pouvoir royal? Un jour viendra peut-être où nous pourrons compléter notre œuvre. En attendant nous ne voulons pas terminer cette étude sans remercier publiquement notre savant ami, M. Jacques Malinowski, des matériaux qu'il nous a fournis et des conseils qu'il nous a donnés.

M.-J. BAUDEL.

64